DANIEL G. BRAVO

LUCAS 15:

EL PADRE DE LA DIVINA MISERICORDIA

PRIMERA EDICION

I0107434

SAN MARCOS
DE LEON

Decree

THOMAS G. WENSKI

by the grace of God and favor of the Apostolic See
Archbishop of Miami

The three books *"Luke 15: The Father of the Divine Mercy, Lucas 15: El Padre de la Divina Misericordia, and Misericordia: Centro del Cristianismo"* have been carefully reviewed and found free of anything which is contrary to the faith or morals as taught by the Roman Catholic Church.

Therefore, in accord with canon 824 of the *Code of Canon Law*, I grant the necessary *approbatio* for the publications of *"Luke 15: The Father of the Divine Mercy, Lucas 15: El Padre de la Divina Misericordia, and Misericordia: Centro del Cristianismo."*

This *imprimatur* is an official declaration that these texts are free of doctrinal or moral error and may be published. No implication is contained therein that the one granting this *imprimatur* agrees with the contents, opinions or statements expressed by the author of the texts.

Given in Miami, Florida, on the 12 of June in the Year of our Lord Two Thousand and Fifteen.

Archbishop of Miami

Attestatio et Nihil Obstat

Cancellarius

Copyright © 2014 DANIEL G. BRAVO

All rights reserved.

ISBN: 978-0692478554

AGRADECIMIENTO

Debo agradecer a quien sobre todas las cosas, merece la Gloria, sin la guía y el apoyo de Dios, este libro no existiría. Dios me extendió una invitación a cambiar mi vida y participar en un Retiro Católico de Emaus, invitación que recibí a través de mi tío Freddy García a quien agradezco por su insistencia, paciencia y ejemplo de vida. Así como el hijo menor del Capítulo 15 de Lucas, tome acción, me levante y participe de ese llamado, Camine el camino de Emaus y descubrí a Jesús en el partir del Pan. Jesús, hizo conmigo lo mismo que con el hijo menor, se conmovió de mí y me recibió de vuelta en su casa, la Santa Iglesia Católica. Hoy soy profesor de Catequesis y también sirvo como Emaus en todo Retiro al que se me invita a participar. Los Retiros de Emaus son una obra extraordinaria de Dios, no hay Retiro en el que no veamos la Obra de Dios manifestarse, su Misericordia se hace presente en todo momento. Hoy puedo decir que tengo cientos de hermanos en Cristo, entre los que he aprendido mucho acerca del mensaje de Dios, entre estos hermanos, hay uno a quien quiero mencionar en este agradecimiento, Eduardo Peralta, quien me introdujo al entendimiento y aprendizaje de la Palabra y muy en especial al Capítulo de la Misericordia. Con Eduardo tenemos un libro que se llama La Cena de las Cenas. Quiero agradecer, a todos mis hermanos de Emaus, nombrarlos a todos sería imposible, también a mi Esposa, quien oro mucho por mi conversión, quien ha sido participe paciente de todo este nuevo caminar. Mis hijos Daniel, Diego, Juan Pablo† y Camila también han participado de este libro. No quisiera dejar por fuera de este agradecimiento a mi querido padre, quien con sus escepticismo en la Fe, pero con un ejemplo de vida extraordinaria, me ha ayudado en la elaboración de este libro en forma muy especial, también a mi querida suegra que con su Fe y oraciones ha contribuido en todo este caminar y a Tía Leslie que desde Brasil nos acompaña con su Amor, guía y ejemplo.

En este agradecimiento no pueden faltar las gracias a todos los que en la historia le han dicho SI a Jesús y lo han seguido y han dejado que su pluma fuera inspirada por el

Espíritu Santo, especialmente San Lucas y San Pablo, también las enseñanzas recibidas de los Doctores de la Iglesia, San Irineo y San Agustín, los libros de Jesús de Nazaret del Papa Emérito Benedicto XVI han sido una bendición y un manantial de información, también sus Cartas Encíclica, Exhortaciones Apostólicas, homilías, etc. Este libro se ha escrito teniendo a Francisco como Papa, quien ha colaborado también con sus Homilías y muy especialmente con su ejemplo de Amor y por supuesto a Santa Faustina Kowalska, por su entrega a Jesús y por su gran Compasión y Amor al prójimo.

Gracias Dios mío por tanto Amor y tanta Misericordia.

¡JESUCRISTO HA RESUCITADO!

Daniel G. Bravo.

CONTENIDO

Introducción--9

El Público. Lucas 15 1-2------------------------13

La Oveja Perdida. Lucas 15 3-7----------------16

La Moneda Perdida. Lucas 15 8-10----------18

El Libre Albedrío. Lucas 15 11-32------------20

El Hijo Prodigo. Lucas 15:13------------------21

La Gran Escasez. Lucas 15:14-----------------22

El Hambre. Lucas 15:16-------------------------23

La Riqueza del Padre. Lucas 15:17-----------24

El Plan. Lucas 15:18----------------------------25

La Acción. Lucas 15, 20a ------------------------25

La Compasión. Lucas 15: 20b -----------------26

El Perdón. Lucas 15:20c ------------------------30

La Confesión. Lucas 15:21 --------------------31

La Restitución. Lucas 15:22 -------------------32

La Celebración. Lucas 15:23 ------------------33

El Hermano Mayor. Lucas 15:25 -------------33

El Enojo. Lucas 15:28 ---------------------------36

EL Reclamo. Lucas 15:29 ---------------------37

La Respuesta del Padre. Lucas 15:31 --------42

El Final Inconcluso -------------------------------44

Ángelus del Papa Francisco de Marzo 17, 2013 --56

Homilía del Papa Francisco de Abril 8, 2013 --61

Homilía del Papa Francisco de Julio 5, 2013 - --63

Ángelus del Papa Francisco del 15 de Septiembre, 2013 ----------------------------------66

Homilía de San Agustín (S. 112 A, 6-7) ----70

La Divina Misericordia------------------------72

Biografía de Santa Faustina Kowalska-----81

Coronilla de la Divina Misericordia--------89

Introducción

Este libro ha sido elaborado con el propósito de que el que lo lea descubra el mensaje de Amor que nuestro Dios tiene para todos y cada uno de nosotros.

Dios nos Ama a todos, somos nosotros los que dudamos de su Amor, queremos interpretar con nuestro capacidad limitada una inteligencia y sabiduría ilimitada.

Jesús nos regaló un Capitulo completo en el que nos enseña su capacidad de Amarnos, sin importar los errores que hayamos cometido.

San Lucas el Evangelista, escribió inspirado por el Espíritu Santo, uno de los Capítulos más importantes y hermosos del Nuevo Testamento.

El Capítulo es el número 15, llamado también el Capítulo de la Misericordia. Jesús, usando 3 Parábolas, nos habla a través de esas parábolas directamente a nosotros y nos explica su capacidad de Amar y Perdonar.

La riqueza de este Capítulo es inmensa, infinita, muchísimos hombres y mujeres nos hemos enamorado de las Palabras de Jesús en estas parábolas, existen muchos libros, muchas interpretaciones.

En este capítulo se habla acerca de ovejas, se habla acerca de monedas, también se habla acerca de dos hijos y un padre, también se habla acerca de ángeles, fiestas, sacrificios, compasión, perdón, etc. Jesús incluye en su mensaje a todos nosotros, seguidores y detractores, los mensajes de estas parábolas desafían a esa audiencia, Jesús desde su nacimiento desafío todo concepto. Seamos o no seguidores suyos, debemos reconocer su importancia en la historia, de cómo su mensaje cambio al mundo en un antes de Cristo y un después de Cristo.

Aunque en estas parábolas se hable de ovejas, monedas e hijos, el centro es la Compasión de Dios. El mensaje de ese Amor es dado a través de parábolas y estas deben ser leídas tomando en cuenta que el protagonista es Dios y su Amor por lo más valioso para El, o sea nosotros, sus hijos. Nos compara con Ovejas y Monedas, con el objetivo que entendamos su mensaje.

Leer este Capítulo y hacerlo tratando de entender la forma de comportarse de un pastor o de una mujer o de un simple padre, no es acertado, ya que el mismo Jesús, compara o asemeja cada acontecimiento de cada parábola dentro del capítulo con el Cielo y con Dios mismo.

Para poder entender el mensaje que Dios nos transmite a través de su Palabra, es necesario tener Fe de que lo que se está leyendo no son simples palabras de hombres.

Este es simplemente un libro más acerca del Capítulo de la Misericordia, y yo soy otro más que se ha enamorado de su mensaje de Amor y Misericordia infinita, otro que ha sido tocado por ese mensaje de Amor y que es testigo del poder que tiene el Amor y el Perdón en su vida.

Cuando leemos la Palabra de Dios, es Dios mismo quien nos habla, es a través del Espíritu Santo que podemos recibir Su mensaje. Es por eso que vamos a usar la Palabra de Dios para que nos guie y nos dé su mensaje.

Pidámosle a Dios la Fe y Sabiduría para entender su Mensaje.

DANIEL G BRAVO

LUCAS 15:
El Padre de la Divina Misericordia
El Público

Lucas 15 1-2

1 Se acercaban a Él todos los publicanos y pecadores para oírle, **2** Los fariseos y los maestros escribas de la ley lo criticaban por eso diciendo: Este recibe a los pecadores y come con ellos.

Esta Parábola empieza poniéndonos en contexto, El Señor busca darnos estas enseñanzas rodeado de seguidores y detractores, gente que lo amaba, que lo seguía y también de los que lo escuchaban solo para criticarlo. De este grupo unos escucharon y entendieron y otros nunca lo hicieron, sin embargo Jesús no hace diferencia, no guardo el mensaje solo a los que le escuchaban. Jesús con su inmensa capacidad de Amar, esparce sus semillas sin distinguir la calidad de la tierra que la recibe.

En el Evangelio de San Lucas Capitulo 8, Jesús mismo nos explica la razón por la cual esparce su Palabra a seguidores y detractores sin excepción, siendo la Semilla la Palabra.

La parábola del sembrador

Lucas 8:4-8

"Como se reunía una gran multitud y acudía a Jesús gente de todas las ciudades, él les dijo, valiéndose de una parábola:

"El sembrador salió a sembrar su semilla. Al sembrar, una parte de la semilla cayó al borde del camino, donde fue pisoteada y se la comieron los pájaros del cielo.Otra parte cayó sobre las piedras y, al brotar, se secó por falta de humedad.Otra cayó entre las espinas, y estas, brotando al mismo tiempo, la ahogaron. Otra parte cayó en tierra fértil, brotó y produjo fruto al ciento por uno". Y una vez que dijo esto, exclamó: "¡El que tenga oídos para oír, que oiga!""

Finalidad de las parábolas

Lucas 8:9-10

"Sus discípulos le preguntaron qué significaba esta parábola,8:10 y Jesús les dijo: "A ustedes se les ha concedido conocer los misterios del Reino de Dios; a los demás, en cambio, se les habla en parábolas, para que miren sin ver y oigan sin comprender."

Explicación de la parábola del sembrador
Lucas 8:11-15

"La parábola quiere decir esto: La semilla es la Palabra de Dios. Los que están al borde del camino son los que escuchan, pero luego viene el demonio y arrebata la Palabra de sus corazones, para que no crean y se salven. Los que están sobre las piedras son los que reciben la Palabra con alegría, apenas la oyen; pero no tienen raíces: creen por un tiempo, y en el momento de la tentación se vuelven atrás. Lo que cayó entre espinas son los que escuchan, pero con las preocupaciones, las riquezas y los placeres de la vida, se van dejando ahogar poco a poco, y no llegan a madurar.

Lo que cayó en tierra fértil son los que escuchan la Palabra con un corazón bien dispuesto, la retienen, y dan fruto gracias a su constancia."

Después de que Jesús nos ha puesto en el contexto del público presente y nos ha insertado en ese público, comenzó a darnos las Parábolas de la Misericordia.

¿Por qué Jesús nos pone en contexto y qué importancia tiene el contexto?

El mensaje de Jesús es un mensaje difícil, y esa audiencia quería escuchar ese mensaje, todos, publicanos, pecadores, maestros de la ley y Fariseos, a unos porque les gustaba y les acercaba a Dios y a otros porque les molestaba y le criticaban, no solo por el mensaje, sino también por la otra parte de la audiencia que estaba presente.

Debemos tratar de visualizar a ese público, cada línea de estas parábolas fue escuchada por ellos, Jesús mismo nos lo cuenta, imaginémonos a ese público, maravillados algunos y criticando y molestos los otros.

Disfrutemos del mensaje de Jesús a su audiencia:

La Oveja Perdida

Lucas 15 3-7

3 Entonces Jesús les contó esta parábola:4 ¿Quién de ustedes, si tiene cien Ovejas y pierde una de ellas, no deja las otras noventa y nueve en el campo y va en busca de la oveja perdida, hasta encontrarla? 5 Y cuando la encuentra, contento, la pone sobre sus hombros, 6 y al llegar a casa junta a sus amigos y vecinos, y les dice: **Alegraos conmigo**, porque ya encontré la oveja que se me **había perdido**. 7 Les digo que así

también hay más **alegría en el Cielo por un pecador que se convierte** que por noventa y nueve personas buenas que no necesitan convertirse.

Jesús, está hablando de una Oveja, si, pero también está hablando de ti y de mí, de todos nosotros, los que en algún momento nos hemos perdido.

Si leemos bien, Jesús mismo nos explica la parábola al final:

Lucas 15:7

Les digo que así también hay más **alegría en el Cielo por un pecador que se convierte** que por noventa y nueve personas buenas que no necesitan convertirse.

Pecador = Oveja perdida

Jesús = Pastor

Jesús, el Buen Pastor nos dice El mismos que HAY FIESTA EN EL CIELO, Gozo en el cielo, cuando un Pecador se arrepiente.

Cientos de años antes de que el Verbo se hiciera Carne, el Profeta Ezequiel en el Capitulo 34 también nos hablaba del Buen Pastor.

Ezequiel 34:11-1

Porque así dice el Señor DIOS: "Yo mismo buscaré Mis ovejas y velaré por ellas. "Como un pastor vela por su rebaño el día que está en medio de sus ovejas

dispersas, así Yo velaré por Mis ovejas y las libraré de todos los lugares adonde fueron dispersadas un día nublado y sombrío

Ezequiel 34:15-16

"Yo apacentaré Mis ovejas y las llevaré a reposar, " declara el Señor DIOS. "Buscaré la perdida, haré volver la descarriada, vendaré la herida y fortaleceré la enferma Jesús continúa con su enseñanza:

La Moneda Perdida

Lucas 15 8-10

8"O bien, ¿Qué Mujer que tiene diez monedas y pierde una de ellas, no enciende una lámpara y barre la casa buscando con cuidado hasta encontrarla? 9 Y cuando la encuentra, reúne a sus amigas y vecinas y les dice: **Alegraos conmigo**, porque ya encontré la moneda que **había perdido.**" 10 Les digo que así también hay **alegría entre los ángeles**

de Dios por un pecador que se convierte." Vuelve Jesús a compararnos, esta vez con algo muy preciado, una moneda. La cual se busca y se busca hasta encontrarla. Es tan preciada esa moneda, que al encontrarla se hace una fiesta.

Jesús vuelve a hacer lo mismo que en la parábola del Buen Pastor, nos habla de una moneda, de un dracma que se perdió, y de la actitud de una mujer por encontrarla, pero también, se trata de ti y de mi, de nosotros, Dios siempre nos está buscando y se alegra cuando regresamos a Él.

Lucas 15:10

Les digo que así también hay **alegría entre los ángeles de Dios por un pecador que se convierte**."

Jesús nos vuelve a decir que HAY FIESTA EN EL CIELO, por el Pecador que se convierte / arrepiente.

Jesús usa un ejemplo de una moneda que se pierde y de la alegría al encontrarla, buscando que podamos hacer analogías con su sentimiento de alegría por el encuentro.

Finalmente Jesús llega a la parábola del HIJO

PRODIGO.

El Libre Albedrío

Lucas 15 11-12

11 Jesús contó esto también: "Un hombre tenía dos hijos, **12** y el más joven le dijo a su padre: "Padre, dame la parte de la herencia que me toca." Entonces el padre repartió los bienes entre ellos

Jesús, nos cuenta una Parábola que consta de 3 integrantes: un Padre, un hijo mayor y un hijo menor.

Y nos cuenta que este hijo menor, pide su herencia por adelantado. Debe doler mucho siendo Padre, tener un hijo que te haga dividir tus bienes, tan desesperado por dinero, que hace dividir la herencia en vida.

Pero este Padre, accede a la petición de ese hijo joven y le entrega la parte que este pide. En este acto, se explica el libre albedrio.

Por supuesto que en esta Parábola, el Padre no es otro que Dios y el hijo menor eres tú y soy yo, es cada uno de nosotros. Sí, es una historia de 2 hijos y un Padre, pero como iremos viendo al transcurrir de la parábola, este Padre no es un Padre normal. Recordemos que antes de esta parábola, hemos leído otras dos, en las que el Padre/Dios es el Pastor, el Padre/Dios es la Mujer, en esta parábola el Padre/Dios es el padre.

Nuestro Padre no quiere esclavos, quiere hijos libres y como hijos libres tenemos plena libertad, aunque esta nos lleve a cometer errores... Es tal el Amor de nuestro Padre Celestial.

El Hijo Prodigo

Lucas 15:13

Pocos días después el hijo menor vendió su parte de la propiedad, y con ese dinero se fue lejos, a otro país, donde todo lo derrocho llevando una vida desenfrenada.

Este hijo menor, no solo le causa el dolor a su padre de dividir la hacienda, pidiendo su herencia por adelantado, sino que encima, lo vende todo y se va de casa de su Padre, a una tierra lejana.

Este hijo menor lo desperdicia todo en esa tierra lejana. Es justamente por esta acción que es llamado prodigo, prodigo significa malgastar, derrochar.

Es así que este hijo menor se convierte en el Hijo Prodigo.

La Gran Escasez

Lucas 15:14 Pero cuando ya se lo había gastado todo, hubo una gran escasez de comida en ese país, y el comenzó a pasar hambre. **15** Fue a pedir trabajo a un hombre de aquella tierra, que lo mando a sus campos a cuidar cerdos,

Este hijo que lo tenía todo en casa de su Padre, lo pierde todo, hasta su dignidad, tal es su desgracia que llega hasta lo impensable, cuidar cerdos. El Cerdo, para los judíos de la época de Jesús era un animal prohibido, impuro, este hombre, ha caído tan bajo por culpa de sus acciones y malas decisiones, que se ve forzado a mendigar por trabajo y lo encuentra cuidando cerdos y trabajando para un extranjero, se asume que no judío, de lo contrario no sería extranjero, y que además poseía cerdos, me pregunto, ¿se puede caer más bajo que esto?, todo judío que haya estado escuchando a Jesús debía haber pensado, que era imposible caer en peor desgracia.

Recordemos que entre los presentes, había:

Lucas 15,2

Los fariseos y los maestros escribas de la ley

Los Fariseos eran judíos pertenecientes a una facción del Judaísmo, y los maestros de la Ley eran judíos estudiosos de la Palabra de Dios, de la Tora.

Del público presente, estos, por encima del resto, con toda seguridad, identificaban todos y cada uno de los errores de este hijo Prodigo como errores sin reparación, sin perdón.

El Hambre

Lucas 15:16

Y tenía ganas de llenarse el estómago con las algarrobas que comían los cerdos, pero nadie se las daba.

Este hijo no puede caer más bajo, quería comer la comida de los cerdos, el cerdo es un animal que por naturaleza es sucio, come lo que se le ponga, sin importarle que

se mezcle con sus propias heces, la comida

de los cerdos se entrelaza con todo lo que al cerdo rodea. Era tal el hambre que tenía, que era capaz de envidiar al Cerdo y su comida. Para mayor desgracia ni eso se le permitía. Estaba viviendo un infierno en vida.

Jesús nos está demostrando cuanto podemos caer cuando nos alejamos de Dios y de su Amor, cuando valoramos más al Mundo que a su Palabra, cuando valoramos más lo Material que Su Amor. Cuando creídos de nuestra capacidad propia, alardeamos de nuestro propio albedrio y hacemos lo indebido con el mismo.

La Riqueza del Padre

Lucas 15:17

Volviendo en sí, dijo:"!Cuantos jornaleros en la casa de mi padre tienen pan en abundancia, mientras yo aquí me muero de hambre!

En la desesperación se acuerda, conscientemente, del error cometido y se acuerda de lo que ha dejado atrás. Está arruinado, desesperado, pasando hambre, por haber dejado la casa de su padre.

El Plan

Lucas 15:18-19

Me levantare e iré a mi Padre y le diré: Padre, he pecado contra Dios y contra ti; **19** ya no soy digno de ser llamado hijo tuyo; trátame como a uno de tus jornaleros.Planifica lo que va a hacer y lo que va a decir, ¿Cuántas veces nosotros no planificamos cambiar, o hacer algo que nunca hacemos? Sabemos que de la planificación a la Acción hay una gran distancia.

La Acción

Lucas 15, 20ª

Y levantándose, se puso en camino de regreso a la casa de su padre.

Planificar es fácil, pero decir corregir de corazón un error, es algo que solo se logra con la Gracia de Dios, con el favor de Dios, por el Amor de Dios.

Levantándose – Griego Koine: Anistemi – Ingles: Rise Up.

Esta Acción de levantarse, fue provocada por la gracia de Dios, lo sabemos por el Verbo escogido por Lucas, Anistemi, que tiene una connotación especial, Anistemi, no implica un levantarse de ponerse de pie, tiene una connotación mayor, va más allá del simple hecho, implica una decisión de cambio por Gracia divina.

Dios mismo nos regala esa fuerza de tomar una decisión que nos lleve de regreso a su casa. Dios está siempre presente en una Acción que lleve consigo el Bien. Tal y como está ausente cuando nuestras acciones son para hacer el mal.

La Compasión

Lucas 15: 20b

"Cuando aún estaba lejos, su padre lo vio y sintió **compasión** de él.

Este Padre Amoroso, estaba esperando el regreso de su hijo, al verlo sintió COMPASION. Perdona a su hijo porque sintió COMPASION. Esa COMPASION lo llevó al Perdón, esa COMPASION unida al acto del Perdón se convierte en Misericordia.

La palabra COMPASION en Griego Koine (común) es ESPLANCHNISTHE, que significa: Sentir o Tener compasión por una persona, un sentir que nace de las entrañas (figurativo), **conmoverse**, tener piedad, ser movido por compasión. **STRONGS NT 4697: σπλαγχνιζομαι**

Sabemos que los evangelios se escribieron en Griego Koine, Lucas usó la palabra ESPLANCHNISTHE (σπλαγχνιζομαι), luego el evangelio de Lucas fue traducido al latín y las palabras que se usaron en latín fueron: **misericordia motus est (Movido por Misericordia).**

Las Biblias en ingles traducen literalmente directo del Griego Koine ESPLANCHNISTHE (σπλαγχνιζομαι): **moved with Compassion.**

Santo Tomas de Aquino, nos define Misericordia en su obra Summa Theologiae (ST II-II.30.1) como: **La compasión en nuestros corazones por las miserias de otra persona, la compasión** que nos lleva a hacer lo que podamos para ayudar a esa persona. La Misericordia tiene dos aspectos: la afectiva y la efectiva. La Misericordia efectiva es la que nos lleva a la acción positiva para el bien de otra persona, tomar pasos para calmar las miserias o llenar las necesidades de otros.

La Misericordia es el llevar a la acción la

Compasión que nace de las entrañas.

Esa Compasión nace del AMOR que Dios tiene por ti, por mí, por nosotros.

Todo el capítulo 15 de Lucas tiene el nombre de: Capitulo de la Misericordia, gracias a este preciso momento de la Parábola.

Este Padre Misericordioso, es Dios mismo, recordemos, en las 2 parábolas anteriores, el pastor es Dios buscando y encontrando a su oveja perdida que es el pecador, la mujer es Dios, no resignándose de perder algo tan valioso, una moneda, pero que al final de la parábola sabemos que esa moneda perdida somos los pecadores y que Dios no se cansa de buscarnos y de alegrarse y hacer fiesta después del encuentro. Este Padre es Dios mismo, que nunca había dejado de mirar el horizonte, esperando el regreso de su hijo, el prodigo, el que no valoraba su relación con su Padre/Dios.

Nuestra Catequesis de la Iglesia Católica en el número 2447 define las Obras de Misericordia:

Obras de Misericordia "Espirituales"

- Enseñar, Instruir, Educar.
- Aconsejar, dar ben consejo.
- Corregir al que yerra.
- Perdonar.
- Consolar al que sufre.
- Paciencia con el prójimo.

Obras de Misericordia "Corporales"

- Visitar y cuidar a los enfermos y a los presos.
- Dar de comer al hambriento y de beber al sediento.
- Dar techo a quien no lo tiene.
- Ayudar a los pobres.
- Vestir al desnudo.
- Enterrar a los muertos.

Los cristianos solo pensamos en Misericordia cuando es Dios perdonándonos o ayudándonos cuando lo necesitamos, pero nos olvidamos que la Misericordia es Algo que Jesús nos pide que tengamos. Si Jesús nos lo pide es porque Él nos puede ayudar a hacerlo, en este caso a sentir esa Compasión que nace de las entrañas y que debemos convertir en acción de: Enseñar, dar buen consejo, corregir, perdonar, tener paciencia, consolar al que sufre, dar de beber al sediento, dar de comer al hambriento, cuidar a los enfermos, dar posada, vestir al que lo necesita, liberar al cautivo y dar santo entierro.

El Perdón

Lucas 15:20c

"Corrió a su encuentro, y lo recibió con abrazos y le cubrió de besos" Este Padre Compasivo, Misericordioso, movido por el gran Amor que tiene por su hijo, al verlo CORRIO.

Es increíble ver como un hombre poderoso, con criados, hacienda, etc., que fue deshonrado por un hijo que decidió dejarlo por dinero, tiene la capacidad de tener Compasión y llevarla a la Acción del Perdón, movido por un Amor incondicional. Este Padre no es un Padre normal, este Padre es Dios mismo.

La Confesión

Lucas 15:21 El hijo le dijo: "Padre mío, he pecado contra Dios y contra ti; ya no soy digno de ser llamado hijo tuyo."El hijo NO se quedó con los besos y el abrazo, decidió hablar, confesar su error y su pecado.

Nosotros los católicos le damos un sentido especial a este acto, lo consideramos la confesión perfecta.

Salmo 32:5-6

"Pero yo reconocí mi pecado, no te escondí mi culpa, pensando: "Confesaré mis faltas al Señor". ¡Y tú perdonaste mi culpa y mi pecado!

Por eso, que todos tus fieles te supliquen en el momento de la angustia; y cuando irrumpan las aguas caudalosas no llegarán hasta ellos.

Es nuestro deber pedir perdón y hacerlo con palabras, no solo con pensamientos. Una cosa es planificar y otra muy diferente llevar ese pensamiento a la Acción del pedir perdón, un perdón dicho con palabras que se oigan, conlleva un acto mucho más fuerte y poderoso que el simple pensamiento. El retorno a casa no se completa hasta que no exista la confesión verbal, clara, sincera, real y con propósito de enmienda. Sobre todo eso, propósito de enmienda, pedir perdón sin propósito de enmienda es mentirnos a nosotros mismos y peor aún mentirle a nuestro Padre que nos Ama, con lo que volvemos a alejarnos a una tierra lejana en donde no seremos ni felices ni completos, nos convertimos en hijos pródigos. Cuando no enmendamos nuestras faltas, ¿no malgastamos nuestra relación del Amor con Dios?.

La Restitución

Lucas 15:22

pero el Padre ordeno a sus criados: "Saquen pronto la mejor ropa y vístanlo; pónganle también un anillo en el dedo y sandalias en los pies.

Mejor ropa, anillo, sandalias, el Padre perdona a este hijo, que peco y se arrepintió, lo restituye completamente, no lo recibe condicionado, la restitución es completa.

La Celebración

Lucas 15:23

Traigan el becerro más gordo y mátenlo, ¡vamos a comer y a **alegrarnos**! **24** Porque este hijo mío había muerto y ha vuelto a vivir, **estaba perdido** y lo hemos encontrado." Y comenzaron a celebrar la fiesta.Es tal la alegría del Padre que ofrece un sacrificio del becerro más gordo, este es un sacrificio de acción de gracias, recordemos la audiencia presente, los Fariseos y Maestros de la Ley se habrán ofendido al escuchar a Jesús hablando acerca de un Padre Misericordioso que perdona a un hijo que había cometido pecados terribles.

Tal y como sucedió con la Oveja perdida y con la Moneda **perdida hay alegría en el cielo, cuando un pecador se arrepiente.**

El Hermano Mayor

Lucas 15:25

"Entre tanto, el hijo mayor estaba en el campo, Cuando regreso y llego cerca de la casa, oyó la música, y el baile. **26** Entonces llamo a uno de los criados y le pregunto qué pasaba. **27** El criado le dijo: "Es que su hermano ha vuelto; y su padre ha mandado a matar el becerro más gordo, porque llego bueno y sano."

Entra un personaje en la parábola, Jesús nos aclara desde el principio de la parábola que ese Padre tenía 2 hijos, uno menor y otro mayor. Este hijo mayor no había aparecidos en la parábola hasta este momento.

Yo me pregunto: ¿Dónde estuvo ese hermano mayor, cuando su hermano le pedía la herencia por adelantado a su Padre?.

Jesús nos presenta una ausencia inicial de ese hermano.

Vuelve a ser importante que recordemos la audiencia, los dos grupos que estaban presentes cuando Jesús nos regalaba estas Parábolas.

El primer Grupo: "publicanos y pecadores" este grupo es el que representa a los no Judíos (publicanos) y a los Judíos pecadores, por ende, este primer grupo está representado en la parábola por el Hijo Prodigo o hermano menor. Dios queriéndonos a todos por igual y queriéndonos Santos, ambos, los publicanos y los pecadores, son hijos alejados del Padre por propia voluntad.

El Segundo Grupo: "fariseos y los maestros escribas de la ley", este grupo, representa a los cumplidores de la Ley, seguidores fieles de las enseñanza del Dios de Abraham, los nunca apartados del Padre, los guardianes de las Leyes. Además educados y conocedores de las Escrituras, del Torah, de los Salmos, etc. Este segundo grupo está representado en la parábola con el Hijo Mayor o hermano mayor. Dios queriéndonos a todos por igual y queriéndonos Santos, ambos, los Fariseos y los Maestros de la Ley, son los hijos que se quedaron con el Padre por voluntad propia.

Jesús en su infinita sabiduría nos presenta a estos dos hermanos y nos los pone en perspectiva a nosotros también, hoy más de 2000 años después siguen habiendo dos grupos, los "alejados" y los "cercanos".

En la Parábola hemos oído ya como el grupo de "Alejados" representado por el Hijo Menor o Hijo Prodigo, tomo una decisión iluminado por el Espíritu Santo y regreso a Casa de su Padre, quien lleno de Compasión que nace de las entrañas, le Perdono en el acto. Ese acto del perdón por compasión es la inmensa Misericordia que Dios tiene por nosotros.

En esta parte de la parábola vamos a escuchar a Jesús hablarnos del segundo grupo.

Sigamos con la lectura de la parábola para ver que nos quiere decir Jesús.

El Enojo

Lucas 15:28

Pero tanto se enojó el hermano mayor que no quería entrar, así que su Padre tuvo que salir a rogarle que lo hiciera.

El hermano mayor se enoja, no quiere participar de la alegría del Padre.

Es necesario que entendamos, que Jesús nos ha ido poniendo en contexto, nos ha venido diciendo, que el Pastor es Dios y las ovejas somos nosotros, lo mismo hizo con las monedas y la Mujer. Esto no es acerca de un Padre humano. Esto es acerca de DIOS PADRE.

No leamos esta Parábola tratando de

entender con leyes humanas las actitudes y enseñanzas humanas. Tratemos de entender que se trata de Dios mismo dándonos un mensaje de Amor y Salvación.

EL Reclamo

Lucas 15:29-30

él le dijo a su padre: "Tu sabes cuantos años te he servido, sin desobedecerte nunca, y jamás me has dado ni siquiera un cabrito para hacer fiesta con mis amigos. **30** En cambio, ahora llega este hijo tuyo, que ha malgastado tu dinero con prostitutas, y matas el becerro más gordo.'

El Hermano Mayor, trata de explicarle a su Padre la razón de su enojo. Para lo que recurre a la memoria. Recordemos que el hermano mayor está representado al segundo grupo. Ese segundo grupo llevaba más de 3 mil años sirviendo a Dios, cuando Jesús nos contaba estas parábolas. Este segundo grupo (fariseos y maestros de la Ley) era el que se molestaba porque Jesús se juntaba con el primer grupo (publicanos y pecadores).

La queja hacia el Padre, va más allá, entre en el terreno de la descalificación.

Si leemos y analizamos la parábola, fácilmente veremos que jamás hubo contacto entre los hermanos, ni antes de la partida del hermano menor, ni en el transcurso de su alejamiento, ni en su regreso. No hubo interacción entre ambos, entonces, ¿Cómo sabia el hermano mayor, todo lo que el hermano menor había hecho en esas tierras lejanas?.

Podríamos deducir que el hermano mayor rumeo su imaginación todo el tiempo que su hermano estuvo alejado, quizás este hermano mayor conocía las debilidades de su hermano menor y simplemente dedujo lo que este hizo en las tierras lejanas.

Solo podemos remitirnos a los hechos y los son que el hermano mayor no sabía con certeza lo que su hermano había hecho, toda crítica estaban basadas en simple conjeturas, pura imaginación.

Hay también un reclamo, no solo levanta un testimonio falso o no comprobado en contra de su hermano menor, también se atreve a reclamarle a su Padre, quien sabemos que Jesús a través de las 2 parábolas anteriores nos dice que es Dios mismo.

Este no es un Padre cualquiera, este Padre es Dios, quienes somos nosotros para reclamarle a Dios.

Este segundo grupo representado por el hermano mayor, está levantando falso testimonio contra el primer grupo.

Estos Maestros de la Ley y Fariseos, están criticando las decisiones de Dios.

De hecho, lo están haciendo desde el principio de Capitulo, recordemos: **Lucas 15: 2** Los fariseos y los maestros escribas de la ley lo criticaban por eso diciendo: Este recibe a los pecadores y come con ellos.

La arrogancia de este segundo grupo los está llevando a cometer un grave error, como conocedores de la Palabra, ellos conocían perfectamente los 10 Mandamientos, el Primer Mandamiento de todos es Amar a Dios sobre todas las cosas.

Lucas, nos cuenta en el Capítulo 10 justo antes de la parábola del buen Samaritano, cuan instruidos estaban los Fariseos y los Maestros de la Ley: - Lucas 10:25-28 "Y entonces, un doctor de la Ley se levantó y le preguntó para ponerlo a prueba: "Maestro,

¿qué tengo que hacer para heredar la Vida eterna?" Jesús le preguntó a su vez: "¿Qué está escrito en la Ley? ¿Qué lees en ella?" Él le respondió: "Amarás al Señor, tu Dios, con todo tu corazón, con toda tu alma, con todas tus fuerzas y con todo tu espíritu, y a tu prójimo como a ti mismo". "Has respondido exactamente, le dijo Jesús; obra así y alcanzarás la vida"."

Este hermano mayor, sabía que debía Amar a Dios o sea a su Padre sobre todas las cosas y que debía Amar a su prójimo o sea a su hermano menor tanto como a sí mismo.

Es más, Jesús en la parábola del buen Samaritano, va más allá, nos pide que tengamos compasión, la misma compasión que tuvo El, el Padre, por el hijo prodigo. Jesús nos pide que nos comportemos como ese Samaritano, o sea, nos pide que nos comportemos como El.

Lucas 10:31-37

"Casualmente bajaba por el mismo camino un sacerdote: lo vio y siguió de largo. También pasó por allí un levita: lo vio y siguió su camino.

Pero un samaritano que viajaba por allí, al pasar

*junto a él, lo vio y tuvo **compasión**, Entonces se acercó y vendó sus heridas, cubriéndolas con aceite y vino; después lo puso sobre su propia montura, lo condujo a un albergue y se encargó de cuidarlo.*

Al día siguiente, sacó dos denarios y se los dio al dueño del albergue, diciéndole: "Cuídalo, y lo que gastes de más, te lo pagaré al volver". ¿Cuál de los tres te parece que se portó como prójimo del hombre asaltado por los ladrones?" "El que tuvo compasión de él", le respondió el doctor. Y Jesús le dijo: "Ve, y procede tú de la misma manera"."

¿Está el hermano mayor comportándose como el Samaritano?

¿Dónde está su compasión?

Este hermano ha vivido todos estos años con su Padre y no ha aprendido la lección más importante, no conoce a su Padre, no conoce el verdadero mensaje de Dios. Tiene ojos pero no ve, tiene oídos pero no oye.

Me pregunto: ¿Que pecado es más grande?: ¿Alejarte de Dios con el pecado, reconocer tu error y volver a Él o Sabiendo exactamente lo que tu Padre/Dios quiere, criticarle y levantar falso testimonio de tu prójimo más próximo o sea tu hermano?.

Solo Dios juzga, no está en nosotros determinar cuál de los dos pecados es superior, pero algo si está claro, ambos grupos son pecadores.

La Respuesta del Padre

Lucas 15:31

"El padre le contesto: "Hijo mío, tu siempre estás conmigo, y todos mis bienes son tuyos. **32** Pero ahora es preciso **hacer fiesta y alegrarnos**, porque tu hermano, que estaba muerto, ha vuelto a vivir; se **había perdido** y lo hemos encontrado.""

Aquí Dios nos vuelve a mostrar su gran Amor. Sabiendo lo que hay en el corazón de su hijo mayor, igual le perdona, he igual le habla en presente, le dice, aun despés de haber sido criticado, que todos sus bienes son de él.

Este Padre, Dios, no distingue, el solo nos Ama, somos nosotros los que nos alejamos.

Este hermano mayor con su actitud hace lo mismo que critico de su hermano, con su actitud, le falla a su Padre y así se aleja de su

Padre con su crítica y desprecio.

Este Padre Misericordioso, es Amor puro, es Amor infinito.

La invitación al hermano mayor es a hacer fiesta y alegrarse.

Jesús usa las misma palabras que uso en las parábolas anteriores, con lo que nos asegura que se trata del mismo mensaje. **Lucas 15:32** Pero ahora es preciso **hacer fiesta y alegrarnos**, porque tu hermano, que estaba muerto, ha vuelto a vivir; se **había perdido** y lo hemos encontrado, igual como hizo con la oveja encontrada; **Lucas 15:7** Les digo que así también hay más **alegría en el Cielo por un pecador que se convierte** que por noventa y nueve personas buenas que no necesitan convertirse. Y la moneda encontrada; Lucas **15:9 Alegraos conmigo**, porque ya encontré la moneda que **había perdido.**" 10 Les digo que así también hay **alegría entre los ángeles de Dios por un pecador que se convierte.**" El paralelismo entre las parábolas es la clave, el mensaje de Jesús es claro, cuando ponemos en contexto y cuando leemos el capítulo de la Misericordia completo.

Ambos hijos fueron perdonados he invitados a la celebración de volver al Padre y de ser herederos de su reino.

La Parábola del Hijo Prodigo y el Capítulo de la Misericordia terminan así, con una invitación a hacer fiesta y a alegrarnos.

El Final Inconcluso

Nunca sabremos si el hijo mayor entro o no en la fiesta. ¿O no?

Sabiendo que el hermano mayor es el segundo grupo de los presentes, cuando Jesús nos regalaba las parábolas de la misericordia, podremos entonces tener una idea del final.

Jesús nos deja abierto el final de la parábola, no nos dice que pasa entre el Padre y su hijo mayor.

¿Entendió ese grupo de Fariseos y Maestros de la Ley el mensaje de Misericordia que Jesús les estaba dando?

Yo creo que no. ¿Por qué? Muy fácil, si ese segundo grupo de oyentes hubiera entendido el mensaje, Jesús no hubiera sufrido una muerte en Cruz. Jesús no hubiese sido entregado por su propio pueblo. Los Fariseos y maestro de la Ley eran judíos instruidos, tal y como Jesús era un Judío instruido. Está documentado en los 3 años que duro su evangelio, que Jesús se comportó como Judío fiel apegado a todos los ritos de su pueblo, no dejo de participar de ninguna celebración.

El Papa Emérito Benedicto XVI en su libro: Jesús de Nazaret desde el Bautizo hasta la Resurrección, no explica muy bien esta parte clave de la Lectura:

"La parábola se interrumpe aquí; nada nos dice de la reacción del hermano mayor. Tampoco podría hacerlo, pues en este punto la parábola pasa directamente a la situación real que tiene ante sus ojos: con estas palabras del padre, Jesús habla al corazón de los fariseos y de los letrados que murmuraban y se indignaban de su bondad con los pecadores (cf. 15, 2). Ahora se ve totalmente claro que Jesús identifica su bondad hacia los pecadores con la bondad del padre de la parábola, y que todas las palabras que se ponen en boca del padre las dice Él mismo a las personas piadosas. La parábola no narra algo remoto, sino lo que ocurre aquí y ahora a través de Él. Trata de conquistar el corazón de sus adversarios. Les pide entrar y participar en el júbilo de este momento de vuelta a casa y de reconciliación. Estas palabras permanecen en el Evangelio como una invitación implorante. Pablo recoge esta invitación cuando escribe: «En nombre de Cristo os pedimos que os reconciliéis con Dios» (2 Co5, 20). Así, la parábola se sitúa, por un lado, de un modo muy realista en el punto histórico en que Jesús la relata; pero al mismo tiempo va más allá de ese momento histórico, pues la invitación suplicante de Dios continúa.

Pero, ¿a quién se dirige ahora? Los Padres, muy en general, han vinculado el tema de los dos hermanos con la relación entre judíos y paganos. No les ha resultado muy difícil ver en el hijo disoluto, alejado de Dios y de sí mismo, un reflejo del mundo del paganismo, al que Jesús abre las puertas a la comunión de Dios en la gracia y para el que celebra ahora la fiesta de su amor. Así, tampoco resulta difícil reconocer en el hermano que se había quedado en casa al pueblo de Israel, que con razón podría decir: «En tantos años como te sirvo, sin desobedecer nunca una orden tuya». Precisamente en la fidelidad a la Torá se manifiesta la fidelidad de Israel y también su imagen de Dios. Esta aplicación a los judíos no es injustificada si se la considera tal como la encontramos en el texto: como una delicada tentativa de Dios de persuadir a Israel, tentativa que está totalmente en las manos de Dios. Tengamos en cuenta que, ciertamente, el padre de la parábola no sólo no pone en

duda la fidelidad del hijo mayor, sino que confirma expresamente su posición como hijo suyo: «Hijo, tú estás siempre conmigo, y todo lo mío es tuyo». Sería más bien una interpretación errónea si se quisiera transformar esto en una condena de los judíos, algo de lo que no se habla para nada en el texto.

Si bien es lícito considerar la aplicación de la parábola de los dos hermanos a Israel y los paganos como una dimensión implícita en el texto, quedan todavía otras dimensiones. Las palabras de Jesús sobre el hermano mayor no aluden sólo a Israel (también los pecadores que se acercaban a Él eran judíos), sino al peligro específico de los piadosos, de los que estaban limpios, «en regle» con Dios como lo expresa Grelot (p. 229). Grelot subraya así la breve frase: «Sin desobedecer nunca una orden tuya». Para ellos, Dios es sobre todo Ley; se ven en relación jurídica con Dios y, bajo este aspecto, a la par con Él. Pero Dios es algo más: han de convertirse del Dios-Ley al Dios más grande, al Dios del amor. Entonces no abandonarán su obediencia, pero ésta brotará de fuentes más profundas y será, por ello, mayor, más sincera y pura, pero sobre todo también más humilde."

Jesús es aprehendido la noche del Jueves Santo, 4 días después de haber entrado a Jerusalén y ser recibido como Mesías, para celebrar la Pascua Judía en la que se recordaba la salida de Egipto. Ese jueves después del atardecer Jesús adelanto la Cena y la transformo para siempre. Ese mismo día, entre atardecer y atardecer, Jesús fue entregado, torturado, vejado, ridiculizado, enjuiciado y llevado al Calvario, en donde fue crucificado.

Así de judío era Jesús, todo lo hizo conforme a su pueblo. Falleció en la hora nona, a la misma hora en la que en el Templo se sacrificaban los Corderos como sacrificio a Dios por los pecados del pueblo Judío. Jesús tomo el lugar de esos Corderos.

¿Cuál fue el pecado de Jesús?, Amar al Prójimo y pedirnos que lo hagamos tal y como Él hizo y lo sigue haciendo.

Jesús llevo ese Amor por el prójimo al siguiente nivel, Dios cumplió en Jesús lo que no le permitió hacer a Abraham con su hijo Isaac. Así como Isaac fue reemplazado por un Cordero, Dios redimió nuestros pecados con el Sacrificio de su Unigénito.

Si, el segundo grupo, esos hermanos mayores, con corazón duro, no quisieron reconocer el mensaje de Amor de Jesús.

Jesús resucito al tercer día, y permaneció con nosotros por 40 días, ascendió al Cielo y les pidió a sus discípulos que fueran a Jerusalén a celebrar la fiesta Judía de los primero frutos, Pentecostés. Los primeros frutos del Éxodo fueron las Tablas de la Ley, que Moisés recibió 50 días después de la partida de Egipto.

Fue durante esta celebración de Pentecostés,

la celebración de los primeros frutos, los diez Mandamientos que Dios le dio al pueblo de Israel, con los que firmó una Alianza siendo la Ley el contrato. 50 días después de la Resurrección de Jesús, que en Jerusalén y según su plan Divino llego el Espíritu Santo, primer fruto del sacrificio de Jesús, donde se selló la nueva Alianza el nuevo contrato, del que hablaba el Profeta:

Jeremías 31:31-34

"Llegarán los días —oráculo del Señor— en que estableceré una Nueva Alianza con la casa de Israel y la casa de Judá.

No será como la Alianza que establecí con sus padres el día en que los tomé de la mano para hacerlos salir del país de Egipto, mi Alianza que ellos rompieron, aunque yo era su dueño —oráculo del Señor—.Esta es la Alianza que estableceré con la casa de Israel, después de aquellos días —oráculo del Señor—: pondré mi Ley dentro de ellos, y la escribiré en sus corazones; yo seré su Dios y ellos serán mi Pueblo. Y ya no tendrán que enseñarse mutuamente, diciéndose el uno al otro: "Conozcan al Señor". Porque todos me conocerán, del más pequeño al más grande

—oráculo del Señor—. Porque yo habré perdonado su iniquidad y no me acordaré más de su pecado."

El Espíritu Santo llego en forma de lenguas de fuego y se posó sobre todos los que estaban en la habitación, incluyendo los discípulos y la Virgen María.

La promesa del Espíritu Santo
- Hechos de los Apóstoles 1:3-11

"Después de su Pasión, Jesús se manifestó a ellos dándoles numerosas pruebas de que vivía, y durante cuarenta días se les apareció y les habló del Reino de Dios. En una ocasión, mientras estaba comiendo con ellos, les recomendó que no se alejaran de Jerusalén y esperaran la promesa del Padre: "La promesa, les dijo, que yo les he anunciado. Porque Juan bautizó con agua, pero ustedes serán bautizados en el Espíritu Santo, dentro de pocos días". Los que estaban reunidos le preguntaron: "Señor, ¿es ahora cuando vas a restaurar el reino de Israel?" Él les respondió: "No les corresponde a ustedes conocer el tiempo y el momento que el Padre ha establecido con su propia autoridad. Pero recibirán la fuerza del Espíritu Santo que descenderá sobre ustedes, y serán mis testigos en Jerusalén, en toda Judea y Samaría, y hasta los confines de la tierra". Dicho esto, los Apóstoles lo vieron elevarse, y una nube lo ocultó de la vista de ellos. Como permanecían con la mirada puesta en el cielo mientras Jesús subía, se les aparecieron dos hombres vestidos de blanco, que les dijeron: "Hombres de Galilea, ¿por qué siguen mirando al cielo? Este Jesús que les ha sido quitado y fue elevado al cielo, vendrá de la misma manera que lo han visto partir"."

La Evangelización del Mundo Judío

- Hechos de los Apóstoles 1:12-14

"Los Apóstoles regresaron entonces del monte de los Olivos a Jerusalén: la distancia entre ambos sitios es la que está permitida recorrer en día sábado.

Cuando llegaron a la ciudad, subieron a la sala donde solían reunirse. Eran Pedro, Juan, Santiago, Andrés, Felipe y Tomás, Bartolomé, Mateo, Santiago, hijo de Alfeo, Simón el Zelote y Judas, hijo de Santiago.

Todos ellos, íntimamente unidos, se dedicaban a la oración, en compañía de algunas mujeres, de **María, la madre de Jesús**, *y de sus hermanos."*

- Hechos de los Apóstoles 2:1-4

"Al llegar el día de Pentecostés, estaban todos reunidos en el mismo lugar. De pronto, vino del cielo un ruido, semejante a una fuerte ráfaga de viento, que resonó en toda la casa donde se encontraban. Entonces vieron aparecer unas lenguas como de fuego, que descendieron por separado sobre cada uno de ellos. Todos quedaron llenos del Espíritu Santo, y comenzaron a hablar en distintas lenguas, según el Espíritu les permitía expresarse."

Es gracias al Espíritu Santo que los discípulos salen a predicar en Jerusalén la Buena Nueva. Jerusalén es una ciudad sagrada y todo Judío practicante debía ir a Jerusalén en Pascua y en Pentecostés, entre otras fiestas. La cuidad estaba repleta de visitantes, la gran mayoría Judíos.

El primer fruto del Espíritu Santo fue la conversión de 3000 Judíos.

3000 hermanos mayores, recibieron la Buena Nueva. Dejemos que sea la misma Palabra la que nos hable de este acontecimiento.

Las primeras conversiones

- Hechos de los Apóstoles 2:37-41

"Al oír estas cosas, todos se conmovieron profundamente, y dijeron a Pedro y a los otros Apóstoles: "Hermanos, ¿qué debemos hacer?" Pedro les respondió: "Conviértanse y háganse bautizar en el nombre de Jesucristo para que les sean perdonados los pecados, y así recibirán el don del Espíritu Santo. Porque la promesa ha sido hecha a ustedes y a sus hijos, y a todos aquellos que están lejos: a cuantos el Señor, nuestro Dios, quiera llamar". Y con muchos otros argumentos les daba testimonio y los exhortaba a que se pusieran a salvo de esta generación perversa. Los que recibieron su palabra se hicieron bautizar; y ese día se unieron a ellos alrededor de tres mil."

Recordemos también que todos los discípulos eran judíos, este libro no se ha escrito con el ánimo de juzgar al pueblo de Israel, haciendo eso ofenderíamos a Jesús mismo, a Dios, quien nos vería como a hermanos mayores, una vez más.

Lo importante del mensaje de Dios es entender, entre tantos mensajes, que todos somos hermanos Mayores y hermanos

Menores en la medida en la que pecamos y en la medida que juzgamos, en la medida que endurecemos nuestros corazones y en medida de que nos arrepentimos de nuestros pecados.

La idea es que ni seamos hermanos menores ni hermanos mayores.

Dios nos quiere Santos, de eso no hay duda, pero el camino no es fácil, es bueno saber que nuestro Padre Celestial lo sabe y Él nos está esperando siempre, si caemos, cometemos errores, pecamos, pero nos arrepintamos, Él nos esperara con los brazos abiertos, lleno de Amor y Compasión.

Hagamos siempre como el hijo prodigo, tomemos siempre la decisión de regresar a casa, y que Dios mismo nos de las fuerzas y el valor para LEVANTARNOS y regresar a su casa, para recibir sus abrazos y besos, nacidos de esa Compasión que nace de las entrañas y que se traduce en Perdón.

Que dichosos somos de ser hijos de ese PADRE MISERICORDIOSO.

Nuestro Papa Francisco, desde el inicio de su Pontificado, nos ha traído el mensaje de

Misericordia y de Amor que tanta falta nos hace, para que nos atrevamos a volver a la casa de Padre y también para que la dureza de Corazón desaparezca, especialmente de los que nos llamamos miembros de la Iglesia.

Dejemos que sea el Mismo Papa Francisco quien nos dé el Mensaje del Padre Misericordioso:

Ángelus del Papa Francisco de Marzo 17, 2013

2013-03-17 Radio Vaticana

(RV).- El Papa Francisco en su primer Ángelus ante más de 150 mil fieles ha dicho que Dios "jamás se cansa de perdonar a los hombres" y que si Dios no perdonara, el mundo "no existiría". Desde la ventana de su apartamento, el pontífice agregó que son los hombres los que se cansan de pedir el perdón a Dios. El santo Padre subrayó la misericordia de Dios, y la "paciencia" de Dios con los hombres y afirmó que "un poco de misericordia cambia el mundo, lo hace menos frío y más justo".

Hermanos y hermanas, ¡Buenos días!, Después del primer encuentro del pasado miércoles, hoy puedo de nuevo dirigirles mi saludo a todos ustedes. Y soy feliz de hacerlo el domingo, en el día del Señor. Esto es hermoso e importante para nosotros cristianos, encontrarnos el domingo: saludarnos, hablarnos como ahora aquí en la plaza. Una plaza que gracias a los medios de información tiene la dimensión del mundo.

Este quinto domingo de Cuaresma, el Evangelio presenta el episodio de la mujer adúltera que Jesús salva de la condena a muerte. Sorprende la postura de Jesús. No oímos palabras de desprecio, ni oímos palabras de condena, solo palabras de amor, de misericordia, que invitan a la conversión.

"Tampoco yo te condeno. Ve, y de ahora en adelante, no peques más".

"Pues bien, hermanos y hermanas, el rostro de Dios es el de un Padre misericordioso, que siempre tiene paciencia. ¿Han pensado ustedes en la paciencia de Dios, la paciencia que tiene con cada uno de nosotros? Esa, es pues su misericordia. Siempre tiene paciencia: tiene paciencia con nosotros, nos comprende, nos espera, nunca se cansa de perdonarnos si sabemos volver a Él con un corazón contrito. "Grande es la misericordia del Señor", dice el salmo. En estos días, he podido

leer un libro de un cardenal -el Cardenal Kasper, un teólogo inteligente, ¿eh?, un buen teólogo- sobre la misericordia. Y me ha hecho mucho bien, este libro, pero no crean que hago publicidad de los libros de mis cardenales, ¿eh? No, no es así! Pero debo decir que me ha hecho mucho bien...

El cardenal Kasper dice que sentir la misericordia, escuchar esta palabra hace cambiar todo. Es lo mejor que nosotros podemos sentir: cambia el mundo. Un poco de misericordia hace que el mundo sea menos frío y más justo. Tenemos necesidad de entender bien esta misericordia de Dios, este Padre misericordioso, que tiene tanta paciencia...Recordemos al profeta Isaías, que dice que aunque nuestros pecados fueran de color rojo escarlata, el amor de Dios los haría de color blanco como la nieve. ¡Es hermoso, eso de la misericordia!

Recuerdo, que cuando apenas fui nombrado obispo, en 1992, llegó a Buenos Aires Nuestra Señora de Fátima y se hizo una gran misa para los enfermos. Yo fui a confesar durante la Misa. Y casi al final de la misa me levanté porque tenía que administrar una confirmación. Vino hacia mí una mujer anciana, humilde, de más de 80 años. La miré y le dije: "Abuela – porque nosotros decimos así a las personas mayores: Abuela – usted quiere confesarse?". "Sí", dijo. "Pero si usted no ha pecado...". Y ella me dijo: "Todos tenemos pecados...". "Pero quizás el Señor no la perdona...". "El Señor perdona todo", me dijo, segura. "¿Y usted cómo lo sabe, señora?". "Si el Señor no perdonara todo, el mundo no existiría." Sentí ganas de preguntarle: "Dígame, señora, ¿usted estudió en la Gregoriana?", porque esa es la sabiduría del Espíritu Santo: la sabiduría interior a la misericordia de Dios. No debemos olvidar esta palabra: ¡Dios nunca se cansa de perdonarnos, nunca!

Padre, "¿cuál es el problema?". Bueno, el problema es que nos cansamos, no queremos, nos cansamos de pedir perdón. Él nunca se cansa de perdonar, pero nosotros a veces nos cansamos de pedir perdón. No nos cansemos nunca, no nos cansemos nunca! Él es un Padre amoroso que perdona siempre, que tiene un corazón de misericordia para todos nosotros. Y también nosotros aprendamos a ser misericordiosos con todos. Invoquemos la intercesión de la Virgen que ha tenido entre sus brazos la Misericordia de Dios hecha hombre.

Y después de la oración mariana del Ángelus el Papa Francisco ha dirigido un cordial saludo a todos los peregrinos reunidos en la plaza de san Pedro: unas 150 mil personas según cálculos de la Oficina de prensa de la Santa Sede.

Dirijo un cordial saludo a todos los peregrinos: gracias por su acogida y por sus oraciones. Les pido que recen por mí. Renuevo mi abrazo a los fieles de Roma y lo extiendo a todos ustedes, y lo extiendo a todos ustedes que han venido de varias partes de Italia y del mundo, así como todos aquellos que se unen a nosotros a través de los medios de comunicación. Elegí el nombre del santo patrono de Italia, San Francisco de Asís, y esto refuerza mi conexión espiritual con esta tierra, donde - como ustedes saben - tiene el origen mi familia. Pero Jesús nos ha llamado a ser parte de una nueva familia: su iglesia, en esta familia de Dios, para caminar juntos por el camino del Evangelio. Que el Señor los bendiga, la Virgen les proteja. No olviden de esto: el Señor no se cansa de perdonar! Somos nosotros los que nos cansamos de pedir perdón. ¡Buen domingo y un buen almuerzo!

Homilía del Papa Francisco de Abril 8, 2013

2013-04-08 L'Osservatore Romano

Papa Francisco

Dios es paciente con los hombres porque les ama: y "quien ama comprende, espera, da confianza, no abandona, no corta los puentes, sabe perdonar". Este es "el estilo de Dios", como dice el Papa Francisco, que, el 7 de abril por la tarde, segundo domingo (de la Divina Misericordia) de Pascua, presidió en la basílica de San Juan de Letrán la misa por su toma de posesión de la Cátedra romana.

Miles de fieles llenaron la catedral de Roma y numerosos siguieron la ceremonia en el exterior con pantallas gigantes. A todos propuso el Pontífice la belleza de la experiencia de la misericordia, recordando que el Señor "nos espera siempre, aun cuando nos hayamos alejado", y siempre está "dispuesto a abrazarnos", como testimonia la parábola del hijo pródigo. En ésta "Jesús nos muestra esta paciencia misericordiosa de Dios para que recobremos la confianza, la esperanza". Es como "un diálogo entre nuestra debilidad y la paciencia de Dios", explicó el Papa citando a Romano Guardini y asegurando que el Padre "nunca está lejos" y "nos espera siempre".

De ahí la invitación a responder a la "paciencia de Dios" con "la valentía de volver a Él, sea cual sea el error, sea cual sea el pecado que haya en nuestra vida". Como Tomás, "también nosotros podemos entrar en las llagas de Jesús" y así experimentar que para Dios "no somos números, somos importantes", "aun siendo pecadores". Se trata de encontrar "la valentía de confiarme a la misericordia de Jesús —subrayó el Papa Francisco—, de confiar en su paciencia, de refugiarme siempre en las heridas de su amor".

Una invitación que había resonado pocas horas antes en la plaza de San Pedro, durante el rezo del Regina Caeli: el Señor —quiso recordar el obispo de Roma— "siempre nos espera, nos ama, nos ha perdonado con su sangre y nos perdona cada vez que acudimos a Él a pedir el perdón. ¡Confiemos en su misericordia!

Homilía del Papa Francisco de Julio 5, 2013

Misericordia y no sacrificios. El Papa el viernes en Santa Marta

2013-07-05 Radio Vaticana

(RV).- El corazón del mensaje de Dios es la misericordia: lo afirmó hoy el Papa Francisco en la Misa en la Casa de Santa Marta comentando el Evangelio de la llamada de Mateo. Estaba presente un grupo de empleados del Governatorato. Concelebró con el Papa el cardenal Jorge Liberato Urosa Savino, arzobispo de Caracas, en el día de la fiesta nacional de Venezuela.

"Quiero misericordia y no sacrificios", el Papa repitió las palabras de Jesús a los fariseos que critican al Señor que comió con los pecadores. Y los publicanos – explicó - "eran doblemente pecadores, porque eran apegados al dinero y también traidores a la patria" porque cobraban los impuestos a su pueblo por cuenta de los romanos. Jesús, entonces, ve a Mateo, el publicano, y lo mira con misericordia:

"Y aquel hombre sentado a la mesa de

recaudación de impuestos. En un primer momento Jesús lo ve y este hombre siente algo de nuevo, algo que no conocía - aquella mirada de Jesús sobre él - siente un estupor dentro, siente la invitación de Jesús: '¡Sígueme! ¡Sígueme!'. En aquel momento, este hombre está lleno de gozo, pero también duda un poco, porque es muy apegado al dinero. Sólo bastó un momento – que nosotros conocemos en la expresión del pintor Caravaggio: aquel hombre que miraba, pero que también con las manos, recogía el dinero - sólo un momento en el que Mateo dice si, deja todo y va con el Señor. Es el momento de la misericordia recibida y aceptada: '¡Sí, vengo contigo!'. Es el primer momento del encuentro, una experiencia espiritual profunda".

"Luego viene un segundo momento: la fiesta", "el Señor festeja con los pecadores": se festeja la misericordia de Dios que "cambia la vida". Después de estos dos momentos, el estupor del encuentro y la fiesta, viene "el trabajo cotidiano", anunciar el Evangelio: "Se debe alimentar este trabajo con la memoria de aquel primer encuentro, de aquella fiesta".

Y esto no es un momento, esto es un tiempo: hasta el final de la vida . La memoria. ¿Memoria de qué? ¡De aquellos hechos! ¡De aquel encuentro con Jesús que me ha cambiado la vida! ¡Que tuvo misericordia! Que ha sido tan bueno conmigo y que también me ha dicho: '¡Invita a tus amigos pecadores, para que hagan fiesta!'. Aquella memoria da fuerza a Mateo y a los demás para ir adelante. '¡El Señor me ha cambiado la vida! ¡He encontrado al

Señor!'. Recuerden siempre. "Es como soplar sobre las brasas de aquella memoria, ¿no? Soplar para mantener el fuego, siempre".

En las parábolas evangélicas se habla del rechazo de muchos invitados a la fiesta del Señor. Y Jesús fue a "buscar a los pobres, a los enfermos e hizo fiesta con ellos":"'Y Jesús, continuando con esta costumbre, hace fiesta con los pecadores y les ofrece la gracia. Quiero misericordia y no sacrificios. De hecho yo he venido no para llamar a los justos, sino a los pecadores. Quien se cree justo, ¡que se las arregle! Él ha venido por nosotros pecadores y esto es bello. **¡Dejémonos mirar por la misericordia de**

Jesús, hagamos fiesta y hagamos memoria de esta salvación!". (MZ,RC-RV)

Ángelus del Papa Francisco de 15 de Septiembre, 2013

Plaza de San Pedro, Domingo, 15 de septiembre de 2013

Queridos hermanos y hermanas, ¡buenos días!

En la liturgia de hoy se lee el capítulo 15 del Evangelio de Lucas, que contiene las tres parábolas de la misericordia: la de la oveja perdida, la de la moneda extraviada y después la más larga de las parábolas, típica de san Lucas, la del padre y los dos hijos, el hijo «pródigo» y el hijo que se cree «justo», que se cree santo. Estas tres parábolas hablan de la alegría de Dios. Dios es alegre. Interesante esto: ¡Dios es alegre! ¿Y cuál es la alegría de Dios? La alegría de Dios es perdonar, ¡la alegría de Dios es perdonar! Es la alegría de un pastor que reencuentra su oveja; la alegría de una mujer que halla su moneda; es la alegría de un padre que vuelve a acoger en casa al hijo que se había perdido, que estaba como muerto y ha vuelto a la vida, ha vuelto a casa. ¡Aquí está todo el

Evangelio! ¡Aquí! ¡Aquí está todo el Evangelio, está todo el cristianismo! Pero mirad que no es sentimiento, no es «buenísimo». Al contrario, la misericordia es la verdadera fuerza que puede salvar al hombre y al mundo del «cáncer» que es el pecado, el mal moral, el mal espiritual. Sólo el amor llena los vacíos, las vorágines negativas que el mal abre en el corazón y en la historia. Sólo el amor puede hacer esto, y ésta es la alegría de Dios.

Jesús es todo misericordia, Jesús es todo amor: es Dios hecho hombre. Cada uno de nosotros, cada uno de nosotros, es esa oveja perdida, esa moneda perdida; cada uno de nosotros es ese hijo que ha derrochado la propia libertad siguiendo ídolos falsos, espejismos de felicidad, y ha perdido todo. Pero Dios no nos olvida, el Padre no nos abandona nunca. Es un padre paciente, nos espera siempre. Respeta nuestra libertad, pero permanece siempre fiel. Y cuando volvemos a Él, nos acoge como a hijos, en su casa, porque jamás deja, ni siquiera por un momento, de esperarnos, con amor. Y su corazón está en fiesta por cada hijo que regresa. Está en fiesta porque es alegría. Dios tiene esta alegría, cuando uno de nosotros pecadores va a Él y pide su perdón.

¿El peligro cuál es? Es que presumamos de ser justos, y juzguemos a los demás. Juzguemos también a Dios, porque pensamos que debería castigar a los pecadores, condenarles a muerte, en lugar de perdonar. Entonces sí que nos arriesgamos a permanecer fuera de la casa del Padre. Como ese hermano mayor de la parábola, que en vez de estar contento porque su hermano ha vuelto, se enfada con el padre que le ha acogido y hace fiesta. Si en nuestro corazón no hay la misericordia, la alegría del perdón, no estamos en comunión con Dios, aunque observemos todos los preceptos, porque es el amor lo que salva, no la sola práctica de los preceptos. Es el amor a Dios y al prójimo lo que da cumplimiento a todos los mandamientos. Y éste es el amor de Dios, su alegría: perdonar. ¡Nos espera siempre! Tal vez alguno en su corazón tiene algo grave: «Pero he hecho esto, he hecho aquello...». ¡Él te espera! Él es padre: ¡siempre nos espera!

Si nosotros vivimos según la ley «ojo por ojo, diente por diente», nunca salimos de la espiral del mal. El Maligno es listo, y nos hace creer que con nuestra justicia humana podemos salvarnos y salvar el mundo. En realidad sólo la justicia de Dios nos puede salvar. Y la justicia de Dios se ha revelado en la Cruz: la Cruz es el juicio de Dios sobre todos nosotros y sobre este mundo. ¿Pero cómo nos juzga Dios? ¡Dando la vida por nosotros! He aquí el acto supremo de justicia que ha vencido de una vez por todas al Príncipe de este mundo; y este acto supremo de justicia es precisamente también el acto supremo de misericordia. Jesús nos llama a todos a seguir este camino: «Sed misericordiosos, como vuestro Padre es misericordioso» (*Lc* 6, 36). Os pido algo, ahora. En silencio, todos, pensemos... que cada uno piense en una persona con la que no estamos bien, con la que estamos enfadados, a la que no queremos. Pensemos en esa persona y en silencio, en este momento, oremos por esta persona y seamos misericordiosos con esta persona. [*Silencio de oración*]

Invoquemos ahora la intercesión de María, Madre de la Misericordia.

Es tan bella e importante la parábola del hijo Prodigo que ya San Agustín de Hipona (354-430 DC) escribía Homilías acerca de ella. Es interesante notar que San Agustín menciona tanto la Misericordia como la Compasión del Padre y le da un carácter Cristológico al abrazo del Padre a su hijo que ha regresado, llamando a Jesús brazo del Padre, tal y como nos relata el Papa Benedicto XVI.

Lc 15,1-32:. Homilía de San Agustín (S. 112 A, 6-7)

«Aunque aún estaba en preparativos para hablar a su padre, diciendo en su interior: *Me levantaré, iré y le diré* (Lc 15, 18), éste, conociendo de lejos su pensamiento, salió a su encuentro. ¿Qué quiere decir salir a su encuentro sino anticiparse con su misericordia? *Estando todavía lejos*, dice, *le salió al encuentro su padre movido por la misericordia* (Ib. 15, 20). ¿Por qué se conmovió de misericordia? Porque el hijo había confesado ya su miseria. *Y corriendo hacia él se le echó al cuello* (Lc 15, 20), es decir, puso su brazo sobre el cuello de su hijo. El brazo del Padre es el Hijo; diole, por tanto, el llevar a Cristo, carga que no pesa, sino que alivia...

El padre manda que se le ponga el primer vestido, el que había perdido Adán al pecar. Tras haber recibido en paz al hijo y haberlo besado, ordena que se le dé un vestido: la esperanza de la inmortalidad que confiere el bautismo. Manda asimismo que se le dé el anillo, prenda del Espíritu Santo, y calzado para los pies como preparación para el Evangelio de la paz, para que sean hermosos los pies del anunciador del bien. Todo esto lo hace Dios mediante sus siervos, es decir, a través de los ministros de la Iglesia. Pues ¿acaso dan los ministros el vestido, el anillo y los zapatos de su propio haber? Ellos cumplen su ministerio, se entregan a su oficio, pero quien otorga es aquel de cuya despensa y tesoro se toman estas cosas. También mandó matar un becerro bien cebado, es decir, se le admitió a la mesa en la que el alimento es Cristo muerto. A todo el que viene a parar a la Iglesia desde una región lejana se le mata el becerro cuando se le predica la muerte de Jesús y se le admite a participar de su cuerpo. Se mata un becerro bien cebado, porque quien había perecido ha sido hallado».

La Misericordia de Dios no tiene límites, es tanto que Dios quiere que nos acojamos a ella, que a principios del siglo XX, escogió dar su mensaje de Divina Misericordia a una Mujer llamada Elena Kowalska, a quien conocemos como Santa Faustina Kowalska, quien por petición del mismo Jesús, escribió un diario.

La Misericordia de Dios, no cambia, es la misma siempre, es una una Compasión que nace de las Entrañas, esa misma Misericordia que Él tiene por nosotros y que nos pide que tengamos por nuestros prójimos es el mensaje central del diario de Sor Faustina. Aquí algunos fragmentos:

LA DIVINA MISERICORDIA

Santa María Faustina Kowalska (1905-1938) canonizada por el Papa Juan Pablo II el 30 de Abril de 2000

Divina Misericordia

"La grandeza de Tu misericordia sobrepasa cualquier entendimiento humano y angélico puestos juntos. Todos los ángeles y todos los hombres salieron de las entrañas de Tu misericordia. La misericordia es la flor del amor: Dios es amor y la misericordia es su acción, en el amor se engendra, en la misericordia se manifiesta". (Diario, 651)

"Escribe: Todo lo que existe está encerrado en las entrañas de Mi misericordia más profundamente que un niño en el seno de la madre". (Diario 1076)

"Oh Dios, que no has exterminado al hombre después de la caída, sino que en Tu misericordia lo has perdonado como Dios, es decir, no sólo le has perdonado la culpa, sino que le has colmado de toda gracia. La misericordia Te ha empujado a dignarte descender hacia nosotros y levantarnos de nuestra miseria. Dios descenderá a la tierra, el Señor de los señores, el Inmortal se humillará. Pero ¿dónde descenderás, Señor? ¿Al templo de Salomón o haces construir un santuario nuevo al que piensas descender? Oh Señor, qué templo Te prepararemos, visto que toda la tierra es Tu escabel? Tú Mismo Te has preparado un templo, la Santísima Virgen. Sus entrañas inmaculadas son Tu morada y se hace el milagro de Tu misericordia, oh Señor. El Verbo se hace Carne, Dios habita entre nosotros, el Verbo de Dios, la Misericordia Encarnada. Nos has elevado a tu divinidad a través de tu humillación; es el exceso de Tu amor, es el abismo de Tu misericordia. Los cielos se asombran de este exceso de Tu amor, ahora nadie tiene miedo de acercarse a Ti. Tu eres Dios de la misericordia, tienes piedad de la miseria, eres nuestro Dios y nosotros Tu pueblo. Tú eres nuestro Padre y nosotros por Tu gracia somos Tus hijos. Sea glorificada Tu misericordia por haberte dignado descender a nosotros". (Diario 1745)

"Hoy, durante una conversación más larga, el Señor me dijo: **Cuánto deseo la salvación de las almas. Mi queridísima secretaria, escribe que deseo derramar Mi vida divina en las almas humanas y santificarlas, con tal de que quieran acoger Mi gracia. Los más grandes pecadores llegarían a una gran santidad si confiaran en Mi misericordia. Mis entrañas están colmadas de misericordia que está derramada sobre todo lo que he creado". (Diario 1784)**

"Mira Mi Corazón lleno de amor y de misericordia que tengo por los hombres y especialmente por los pecadores" (Diario,1663)

"Diles a las almas pecadoras que no tengan miedo de acercarse a Mí, habla de Mi gran misericordia" (Diario,1396)

"Persigo a los pecadores con Mi misericordia en todos sus caminos y Mi Corazón se alegra cuando ellos vuelven a Mí" (Diario,1728)

"Hija Mía, escribe que cuanto más grande es la miseria de un alma tanto más grande es el derecho que tiene a Mi misericordia e *(invita)* a todas las almas a confiar en el inconcebible abismo de Mi misericordia, porque deseo salvarlas a todas" (Diario,1182)

"Secretaria Mía, escribe que soy más generoso para los pecadores que para los justos. Por ellos he bajado a la tierra … por ellos he derramado Mi sangre; que no tengan miedo de acercarse a Mí, son los que más necesitan Mi misericordia" (Diario,1275)

"Deseo que los sacerdotes proclamen esta gran misericordia que tengo a las almas pecadoras. Que el pecador no tenga miedo de acercarse a Mí" (Diario,50)

"Diles a Mis sacerdotes que los pecadores más empedernidos se ablandarán bajo sus palabras cuando ellos hablen de Mi misericordia insondable, de la compasión que tengo por ellos en Mi Corazón" (Diario,1521)

Coronilla a la Divina Misericordia

El Señor Jesús dictó esta oración a Santa Faustina: "Padre Eterno, Te ofrezco el Cuerpo y la Sangre, el Alma y la Divinidad de Tu Amadísimo Hijo, nuestro Señor Jesucristo, por nuestros pecados y los del mundo entero. Por su dolorosa Pasión, ten misericordia de nosotros" (Diario,475)

"Esta oración es para aplacar Mi ira, la rezarás durante nueve días con un rosario común, de modo siguiente: primero rezarás una vez el **Padre nuestro y el Ave María y el Credo**, después, en las cuentas correspondientes al Padre nuestro, dirás las siguientes palabras: **Padre Eterno, Te ofrezco el Cuerpo y la Sangre, el Alma y la Divinidad de Tu Amadísimo Hijo, nuestro Señor Jesucristo, como propiciación de nuestros pecados y los del mundo entero**; en las cuentas del Ave María, dirás las siguientes palabras: **Por su dolorosa Pasión, ten misericordia de nosotros y del mundo entero**. Para terminar, dirás tres veces estas palabras: **Santo Dios, Santo Fuerte, Santo Inmortal, ten piedad de nosotros y del mundo entero**" (Diario,476)

"Reza incesantemente esta coronilla que te he enseñado. Quienquiera que la rece recibirá gran misericordia a la hora de la muerte" (Diario,687)

"A las almas que recen esta coronilla, Mi misericordia las envolverá en vida y especialmente a la hora de la muerte" (Diario,754)

"Oh, qué gracias más grandes concederé a las almas que recen esta coronilla; las entrañas de Mi misericordia se enternecen por quienes rezan esta coronilla" (Diario,848)

"Escribe: cuando recen esta coronilla junto a los moribundos, Me pondré entre el Padre y el alma agonizante no como el Juez justo sino como el Salvador misericordioso" (Diario,1541)

Jesús, en Ti confío

"Prometo que el alma que venere esta imagen no perecerá" (Diario,48)

"A través de esta imagen concederé muchas gracias a las almas" (Diario,742)

"Los dos rayos significan la Sangre y el Agua. El rayo pálido simboliza el Agua que justifica a las almas. El rayo rojo simboliza la Sangre que es la vida de las almas... Ambos rayos brotaron de las entrañas más profundas de Mi misericordia cuando Mi Corazón agonizante fue abierto en la cruz por la lanza. Estos rayos protegen a las almas de la indignación de Mi Padre. Bienaventurado quien viva a la sombra de ellos, porque no le alcanzará la justa mano de Dios" (Diario,299)

"De todas Mis llagas, como de arroyos, fluye la misericordia para las almas, pero la herida de Mi Corazón es la Fuente de la Misericordia sin límites, de esta fuente brotan todas las gracias para las almas" (Diario,1190)

Fiesta de la Misericordia

"Deseo que haya una Fiesta de la Misericordia. Quiero que esta imagen que pintarás con el pincel, sea bendecida con solemnidad el primer domingo después de la Pascua de Resurrección; ese domingo debe ser la Fiesta de la Misericordia" (Diario,49)

"Hija Mía, habla al mundo entero de la inconcebible misericordia Mía. Deseo que la Fiesta de la Misericordia sea refugio y amparo para todas las almas y, especialmente, para los pobres pecadores. Ese día están abiertas las entrañas de Mi misericordia. Derramo todo un mar de gracias sobre las almas que se acercan al manantial de Mi misericordia" (Diario,699)

"Deseo conceder el perdón total a las almas que se acerquen a la confesión y reciban la Santa Comunión el día de la Fiesta de Mi Misericordia" (Diario,1109)

"Hija Mía, di que esta Fiesta ha brotado de las entrañas de Mi misericordia para el consuelo del mundo entero" (Diario,1517)

Las tres de la tarde

"A las tres, ruega por Mi misericordia, en especial para los pecadores y aunque sólo sea por un brevísimo momento, sumérgete en Mi Pasión, especialmente en Mi abandono en el momento de Mi agonía. Esta es la hora de la gran misericordia para el mundo entero. Te permitiré penetrar en Mi tristeza mortal. En esta hora nada le será negado al alma que lo pida por los méritos de Mi Pasión..." (Diario, 1320)

"Te recuerdo, hija Mía, que cuántas veces oigas el reloj dando las tres, sumérgete totalmente en Mi misericordia, adorándola y glorificándola; suplica su omnipotencia para el mundo entero y especialmente para los pobres pecadores, ya que en ese momento se abrió de par en par para cada alma. En esa hora puedes obtener todo lo que pides para ti y para los demás. En esa hora se estableció la gracia para el mundo entero: la misericordia triunfó sobre la justicia" (Diario,1572)

MARIA FAUSTINA KOWALSKA
1905 – 1938

(Biografía de Santa María Faustina Kowalska publicada en el sitio web de la Santa Sede www.vatican.va con ocasión de su canonización)

"Sor María Faustina, apóstol de la Divina Misericordia, forma parte del círculo de santos de la Iglesia más conocidos. A través de ella el Señor Jesús transmite al mundo el gran mensaje de la Divina Misericordia y presenta el modelo de la perfección cristiana basada sobre la confianza en Dios y la actitud de caridad hacia el prójimo.

Nació el 25 de agosto de 1905 como la tercera hija entre diez hermanos en la familia de Mariana y Estanislao Kowalski, campesinos de la aldea de Glogowiec. En el santo bautizo, celebrado en la iglesia parroquial de Swinice Warckie, se le impuso el nombre de Elena. Desde pequeña se destacó por el amor a la oración, la laboriosidad, la obediencia y una gran sensibilidad ante la pobreza humana. A los 9 años recibió la Primera Comunión. La vivió muy profundamente, consciente de la presencia del Huésped Divino en su alma. Su educación escolar duró apenas tres años. Al cumplir 16 años abandonó la casa familiar para, trabajando de empleada doméstica en casas de familias acomodadas de Aleksandrów, Lódz y Ostrówek, mantenerse a sí misma y ayudar a los padres.

Ya desde los 7 años sentía en su alma la llamada a la vida religiosa, pero ante la negativa de los padres para su entrada en el convento, intentó apagar dentro de sí la voz de la vocación divina. Sin embargo, apresurada por la visión de Cristo sufriente fue a Varsovia y allí, el 1 de agosto de 1925 entró en la Congregación de las Hermanas de la Madre de Dios de la Misericordia donde, como sor María Faustina, vivió trece años. Trabajó en distintas casas de la Congregación. Pasó los períodos más largos en Cracovia, Plock y Vilna cumpliendo los deberes de cocinera, jardinera y portera.

Para quien la observara desde fuera nada hubiera delatado su singular intensa vida mística. Cumplía sus deberes con fervor, observaba fielmente todas las reglas del convento, era recogida y callada, pero a la vez natural, llena de amor benévolo y desinteresado al prójimo. Su vida, aparentemente ordinaria, monótona y gris, se caracterizó por la extraordinaria profundidad de su unión con Dios.

Su espiritualidad se basa en el misterio de la Divina Misericordia, que ella meditaba en la Palabra de Dios y contemplaba en lo cotidiano de su vida. El conocimiento y la contemplación del misterio de la Divina Misericordia desarrollaban en ella una actitud de confianza de niño hacia Dios y la caridad hacia el prójimo. Oh Jesús mío — escribió— cada uno de tus santos refleja en sí una de tus virtudes, yo deseo reflejar tu Corazón compasivo y lleno de misericordia, deseo glorificarlo. Que tu misericordia, oh Jesús, quede impresa sobre mi corazón y mi alma como un sello y éste será mi signo distintivo en esta vida y en la otra. (Diario 1242). Sor Faustina era una fiel hija de la Iglesia a la que amaba como a Madre y como el Cuerpo Místico de Jesucristo. Consciente de su papel en la Iglesia, colaboró con la Divina Misericordia en la obra de salvar a las almas perdidas. Con este propósito se ofreció como víctima cumpliendo el deseo del Señor Jesús y siguiendo su ejemplo. Su vida espiritual se caracterizó por el amor a la Eucaristía y por una profunda devoción a la Madre de la Divina Misericordia.

Los años de su vida en el convento abundaron en gracias extraordinarias: revelaciones, visiones, estigmas ocultos, la participación en la Pasión del Señor, el don de bilocación, los dones de leer en las almas humanas, de profecía y de desposorios místicos. Un contacto vivo con Dios, con la Santísima Madre, con ángeles, santos y almas del purgatorio: todo el mundo extraordinario no era para ella menos real que el mundo que percibía a través de los sentidos. Colmada de tantas gracias extraordinarias sabía, sin embargo, que no son éstas las que determinan la santidad. En el Diario escribió: Ni gracias, ni revelaciones, ni éxtasis, ni ningún otro don concedido al alma la hace perfecta, sino la comunión interior de mi alma con Dios. Estos dones son solamente un adorno del alma, pero no constituyen ni la sustancia ni la perfección. Mi santidad y perfección consisten en una estrecha unión de mi voluntad con la voluntad de Dios (Diario 1107).

El Señor Jesús escogió a sor Faustina por secretaria y apóstol de su misericordia para, a través de ella, transmitir al mundo su gran mensaje. En el Antiguo Testamento —le dijo— enviaba a los profetas con truenos a mi pueblo. Hoy te envío a ti a toda la humanidad con mi misericordia. No quiero castigar a la humanidad doliente, sino que deseo sanarla, abrazarla con mi Corazón misericordioso (Diario 1588).

La misión de sor Faustina consiste en 3 tareas:

– Acercar y proclamar al mundo la verdad revelada en la Sagrada Escritura sobre el amor misericordioso de Dios a cada persona.

– Alcanzar la misericordia de Dios para el mundo entero, y especialmente para los pecadores, por ejemplo a través de la práctica de las nuevas formas de culto a la Divina Misericordia, presentadas por el Señor Jesús: la imagen de la Divina Misericordia con la inscripción: Jesús, en ti confío, la fiesta de la

Divina Misericordia, el primer domingo después de la Pascua de Resurrección, la coronilla a la Divina Misericordia y la oración a la hora de la Misericordia (las tres de la tarde). A estas formas de la devoción y a la propagación del culto a la Divina Misericordia el Señor Jesús vinculó grandes promesas bajo la condición de confiar en Dios y practicar el amor activo hacia el prójimo.

– La tercera tarea es inspirar un movimiento apostólico de la Divina Misericordia que ha de proclamar y alcanzar la misericordia de Dios para el mundo y aspirar a la perfección cristiana siguiendo el camino trazado por la beata sor María Faustina. Este camino es la actitud de confianza de niño hacia Dios que se expresa en cumplir su voluntad y la postura de caridad hacia el prójimo. Actualmente este movimiento dentro de la Iglesia abarca a millones de personas en el mundo entero: congregaciones religiosas, institutos laicos, sacerdotes, hermandades, asociaciones, distintas comunidades de apóstoles de la Divina Misericordia y personas no congregadas que se comprometen a cumplir las tareas que el

Señor Jesús transmitió por sor María
Faustina.

Sor María Faustina manifestó su misión en el
Diario que escribió por mandato del Señor
Jesús y de los confesores. Registró en él con
fidelidad todo lo que Jesús le pidió y
describió todos los encuentros de su alma con
Él. Secretaria de mi más profundo misterio —
dijo el Señor Jesús a sor María Faustina— tu
misión es la de escribir todo lo que te hago
conocer sobre mi misericordia para el
provecho de aquellos que leyendo estos
escritos, encontrarán en sus almas consuelo y
adquirirán valor para acercarse a mí (Diario
1693). Esta obra acerca de modo
extraordinario el misterio de la misericordia
Divina. Atrae no solamente a la gente sencilla
sino también a científicos que descubren en
ella un frente más para sus investigaciones.
El Diario ha sido traducido a muchos
idiomas, por citar algunos: inglés, alemán,
italiano, español, francés, portugués, árabe,
ruso, húngaro, checo y eslovaco.

Sor María Faustina extenuada físicamente
por la enfermedad y los sufrimientos que
ofrecía como sacrificio voluntario por los

pecadores, plenamente adulta de espíritu y unida místicamente con Dios murió en Cracovia el 5 de octubre de 1938, con apenas 33 años. La fama de la santidad de su vida iba creciendo junto con la propagación de la devoción a la Divina Misericordia y a medida de las gracias alcanzadas por su intercesión. Entre los años 1965-67 en Cracovia fue llevado a cabo el proceso informativo sobre su vida y sus virtudes y en 1968 se abrió en Roma el proceso de beatificación, concluido en diciembre de 1992. El 18 de abril de 1993, en la Plaza de San Pedro de Roma, el Santo Padre Juan Pablo II beatificó a Sor María Faustina. Sus reliquias yacen en el santuario de la Divina Misericordia de Cracovia-Lagiewniki."

Fue canonizada por el Santo Padre Juan Pablo II el 30 de abril de 2000.

CORONILLA DE LA DIVINA MISERICORDIA

La Señal de la Cruz

*En el nombre del Padre, y del Hijo, y del Espíritu Santo. Amén.

Oración inicial:

"Expiraste Jesús pero la fuente de vida brotó para las almas y el mar de misericordia se abrió para el mundo entero, o fuente de vida insondable Misericordia Divina, abarca al mundo entero y derrámate sobre nosotros".

El Padre Nuestro

*Padre nuestro que estás en los cielos; santificado sea tu nombre; venga a nosotros tu reino; hágase tu voluntad aquí en la tierra como en el cielo. Danos hoy nuestro pan de cada día; perdona nuestras ofensas, como también nosotros perdonamos a los que nos ofenden, no nos dejes caer en la tentación y líbranos del mal. Amén.

Ave María

*Dios te salve, María, llena eres de gracia; el Señor es contigo, bendita tu eres entre todas las mujeres y bendito es el fruto de tu vientre

Jesús, Santa María, Madre de Dios, ruega por nosotros los pecadores, ahora y en la hora de nuestra muerte. Amen

El Credo de los Apóstoles

*Creo en Dios Padre Todopoderoso, Creador del cielo y de la tierra; y en Jesucristo, su único Hijo, Señor nuestro; que fue concebido del Espíritu Santo, nació de la virgen María, padeció bajo el poder de Poncio Pilato; fue crucificado, muerto y sepultado; descendió a los infiernos; al tercer día resucitó de entre los muertos; subió al cielo y está sentado a la diestra de Dios Padre Todopoderoso; y desde allí a de venir a juzgar a los vivos y a los muertos. Creo en el Espíritu Santo, la Santa Iglesia Católica, la comunión de los santos, el perdón de los pecados, la resurrección de la carne y la vida eterna. Amén.

Antes de cada decena la iniciamos con la siguiente oración:

"Padre Eterno, yo te ofrezco el Cuerpo, la Sangre, el Alma y la Divinidad de Tu Amadísimo Hijo, Nuestro Señor Jesucristo, para el perdón de nuestros pecados y los del mundo entero".

En cada una de las 10 cuentas pequeñas decimos:

"Por Su dolorosa Pasión, ten misericordia de nosotros y del mundo entero".

Al finalizar las cinco decenas de la Coronilla diremos tres veces:

"Santo Dios, Santo Fuerte, Santo Inmortal, ten piedad de nosotros y del mundo entero."

Oración Final:

"Oh Dios Eterno, en quien la Misericordia es infinita y el Tesoro de compasión inagotable, vuelve a nosotros Tu Mirada bondadosa y aumenta Tu Misericordia en nosotros, para que en momentos difíciles, no nos desesperemos, ni nos desalentemos, sino que con gran confianza, nos sometamos a Tu Santa Voluntad, que es el Amor y la Misericordia misma. Amén".

SAN MARCOS
DE LEÓN

www.ingramcontent.com/pod-product-compliance
Lightning Source LLC
Chambersburg PA
CBHW051847040426
42447CB00006B/737